Tief im Wald ist soeben ein kleiner Hirsch auf die Welt gekommen. Seine Mama leckt ihn liebevoll ab, und die Junisonne wärmt ihn. Da faßt das junggeborene kleine Kerlchen Mut und versucht, auf die Beine zu kommen.

Er steht noch ein wenig wackelig auf den dünnen Beinchen. Mit halbgeschlossenen Augen sucht er die Zitzen seiner Mama und trinkt schon bald in vollen Zügen. Dabei hört er weder das Plätschern des kleinen Wasserfalls noch den Gesang der Vögel. Am Fuße eines Baumes sitzt ein großer Käfer und beobachtet die Szene. "Was für ein hübsches Hirschbaby!" denkt er.

Die Sonne geht unter – Schlafenszeit! Der kleine Hirsch legt sich nieder, wohl verdeckt vor den Blicken anderer durch die hohen Gräser ringsum. Er schließt die Augen und schläft ein. "Huhu", ruft das Käuzchen leise, "weckt ihn nicht!"

"Sieh mal, ein Dachs!" sagt der Junghirsch zu dem Kleinen, der erstaunt zuschaut, wie ein großer Hirsch sein Geweih an der Rinde einer Buche entlangstreift. Er will auf diese Weise die weiche Haut loswerden, die das Gehörn bedeckt.

Feuer! Es brennt!
Lodernde hohe Flammen vernichten den Kiefernwald.
Panik ergreift die Tiere; sie rennen um ihr Leben!
Im Sommer muß man im Wald sehr vorsichtig sein. Ein Funke kann eine große Katastrophe auslösen.

Der Herbst ist da. Die Blätter schmücken sich mit flammenden Farben und bedecken bald den Boden. "Nun wird es Zeit, daß wir uns ein gutes Versteck für den Winter suchen", sagt eine Igelmutter zu dem jungen Hirsch.

Aha, da sind sie alle! Seine Familie ist an der Futterstelle. "Nicht alle Menschen sind gefährlich", hat Mama gesagt. "Es gibt einige, die uns im kalten Winter sogar Futter geben."

Der Himmel ist blau, die Sonne lacht: Der Frühling ist da! Welch ein Spaß, mit den Vettern umherzuspringen! Plötzlich entdeckt der kleine Hirsch im Gras das Gehörn eines Hirsches. Ein Spatz klärt ihn auf: "Das fällt jedes Jahr ab, aber innerhalb von vier Monaten wächst es noch schöner nach."

Schnell wächst der kleine Hirsch. Schon trägt er kleine Hörner: Ein Spießer ist er jetzt. In einem Monat wird er ein Jahr alt. An seinen geschützten Platz hört er das Röhren seines Vaters. Er träumt davon, daß er auch einmal ein so majestätischer Hirsch sein wird.